| 강여울 풀씨처럼 | 8

그리움의
속살끼리

오 혜 령 · 영 성 묵 상 기 도 집

오혜령 영성묵상기도집

| 강여울 | 풀 씨 처 럼 | ⑧
그리움의 속살끼리

ⓒ 도서출판 이유 2003

글쓴이 · 오혜령
펴낸이 · 김래수

초판 인쇄 · 2003. 11. 25
초판 발행 · 2003. 11. 30

기획 · 정숙미
편집 · 김성수 · 한진영
북디자인 · N.com (749-7123)
분해, 제판 · 성광사 (2272-6810)
인쇄 · 청송문화인쇄사 (2676-4573)

펴낸 곳 · 도서출판 이유
주소 · 서울특별시 동작구 상도5동 103-5 성은빌딩 3층
전화 · 02-812-7217 팩스 · 02-812-7218
E-mail · eupub@hanafos.com
출판 등록 · 2000. 1. 4 제20-358호

ISBN 89-89703-42-5 04230
ISBN 89-89703-34-4(세트)

● 저자와의 협의하에 인지를 생략합니다.
● 이 책에 실린 글의 저작권과 출판권은 도서출판 이유에 있습니다.
  저작권법에 보호받는 저작물이므로 영상이나 활자 등 어떤 경우에도
  도서출판 이유의 서면 동의없이 무단 전재나 복제를 금합니다.

|강여울|풀씨처럼|⑧

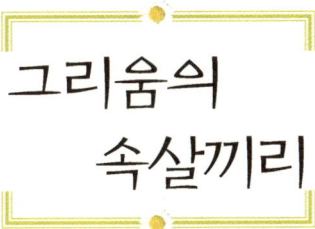

그리움의 속살끼리

오혜령 · 영성묵상기도집

| 서 | 시 |

영혼의 바구니에 가득

성령 하나님,
기도하는 시간이 가장 즐겁습니다
세상 일이 끼여들지 않기 때문입니다
빛의 미로를 더듬는
호기심 때문입니다
갑자기 조우하게 될
빛을 열망하기 때문입니다
무엇보다 당신만 따라가면
삼위 하나님의 밀회 장소에
당도하게 되리라
믿는 까닭입니다

성령 하나님,
4년 전 묵상기도집에서는
성서묵상을 하는 동안

가슴에 부딪쳐 왔던 말씀을 붙들고
머물렀습니다
새로운 영성언어가 튀어나와
기도언어로 삼기에는
낯설다는 평을 들었습니다
댓살 된 어린아이가
엄마에게 혀 짧은 소리를 하듯,
이번엔 아주 편하게
삼위 하나님 면전에서
그리워하는 마음으로
기도하고 있습니다
어떤 날은 수필 같은 흐름을 탔고
어느 날은 고백 형태의
자전적 단편소설이 되었습니다
하나의 메시지로

단순화시키려고 애썼습니다
당신께서 끈질기게 저를 붙드셨습니다
감사드립니다

성령 하나님,
그러다보니까
어느 것은 익기 전에 딴
열매가 되었습니다
조급해져서
당신의 음성을 기다리지 못하고 풀어낸
어설픈 사연입니다
어떤 것은 너무 익어
곯아 버린 열매입니다
자주 묵상했으나
당신의 감도에 순응하지 못하여
진부한 내용이 되었습니다
그런가 하면,
전혀 익지 않은 열매를
미리 따버린 것도 있습니다

당신 말씀이 전혀 안 들린 날,
우격다짐으로 따낸 열매입니다
아직 저는
듣는 연습을
더 해야 합니다

성령 하나님,
여름이 가 버리는 이 8월은,
저 뜨거운 태양이
마지막 정열을 다 쏟아
곡식을 익게 하듯,
그리스도 예수라는 태양이
아직 익지 않은 제 안의 날탱이 언어들을
익게 하시고,
당신은 그것을 열매로 만들어
제 영혼의 바구니에
가득 담아 주십시오

아멘

그리움의 속살끼리

    서시 · 영혼의 바구니에 가득

1일 · 곧 '예' 하게 하소서	10
2일 · 당신의 현존을 드리워	14
3일 · 당신이 기뻐하시니 저도 덩달아	20
4일 · 악을 선으로 꾸미시는	26
5일 · 성큼성큼 건너가도록	30
6일 · 미련한 자의 휴일, '게으름'	36
7일 · 달도 차면 기운다	39
8일 · 오, 나의 아버지	46
9일 · 오, 어지신 아버지	50
10일 · 오, 사랑이신 아버지	56
11일 · 그물을 물가로 끌어내신 다음	62

12일	실없이 웃을 줄은 알면서도	66
13일	제 머리카락이 몇 개예요?	70
14일	고통도 함께 나눌 수 있는 것이라고요?	74
15일	무너진 집터들의 함성	80
16일	단 한 사람만이라도	84
17일	부디 조용히 그리고 또한	88
18일	그리움의 속살끼리	92
19일	당신의 손은 약손	99
20일	배고프거나 넉넉하거나	104
21일	자신을 드러내지 않고도	107
22일	고난을 인내로 건널 줄 아는	111
23일	더 빨리, 더더욱 빨리	114
24일	인생의 밤 가운데	121
25일	나는 줄어들고 사라져	124
26일	마음으로 쓰는 노래	128
27일	당신께 여쭤보지 않고	134
28일	그 생명의 요청	138
29일	밤엔 간절함으로 나를 채우시니	141
30일	죽어 있는 줄도 모르고	147
31일	사랑이 구원을 불러온다	151
	성경 찾아보기	159

8월
August
1일

♣ 보십시오, 나는 주님의 여종입니다.
당신의 말씀대로 나에게
이루어지기를 바랍니다. (눅 1:38)

곧 '예' 하게 하소서

주님,
당신이 두렵습니다
제가 '예' 하지 못한 순간을
다 기억하고 계셔서요
겉으로는 '예' 했지만
속으로는 '아니오' 한 때를
샅샅이 알고 계셔서요
학교에 가면 선생님 말씀에
언제나 '예'라고 대답했고,
집에 오면 부모님 말씀에
항상 '예'만 연발했는데도,

당신은 '아니오'의 시절을 꿰뚫고 계십니다
저는 당신이 두렵습니다
당신을 이 세상에서 가장 사랑합니다만
제일 두려운 분이십니다

주님,
저는 무서운 질병에도
순순히 '예'라고 했습니다
그러나 당신은 병들과 화친하기 전,
줄곧 '아니오'라고 한 사실을
낱낱이 들춰 내십니다
시련과 역경이 몰려와도
'예'라며 수용했습니다만,
즉시 '예' 하지 않았다고
호되게 나무라셨습니다
가난과 궁핍의 악조건에도
분명히 '예'라고 했는데,
당신은 여전히 저의 '아니오'가
들려왔다고 말씀하십니다

주님,
저는 당신이 두렵습니다

주님,
당신은 마리아의 '예'에 이를 때까지
'예'라고 하길 원하십니다
하기야 지금은 어떤 일에도
'예'할 준비가 되어 있습니다
그러나 한편 두렵습니다
제가 '예'할 때마다
당신은 점점 더 큰 것을
요구하시기 때문입니다
저의 전부를 내놓으라 하십니다
다 내어 드린 척하며
한 부분만 드리고 있다는 것을
넌지시 일깨워 주십니다
그러고보니
저는
온전한 '예' 없이 살았습니다

주님,
결과를 생각하지 않고
당신 말씀에 '예' 하게 해 주십시오
불행을 무서워하지 않고
당신이 주시는 환경에
'예' 라고 하게 해 주십시오
고통을 겁내지 않고
당신의 더 큰 요구에
'예' 하게 해 주십시오
죽음을 무서워하지 않고
당신의 뜻에 '예' 하게 해 주십시오
조건을 따지지 않고
머뭇거리지 말고
기쁘고 용감하게
'예' 하게 해 주십시오 † 아멘

8월 August 2일

♣ 사람은 한낱 숨결과 같고,
  그의 일생은 사라지는
  그림자와 같습니다. (시 144:3-4)

당신의 현존을 드리워

하나님,
당신께 말씀드리는 게 두렵습니다
제 소원을 아뢰기가 무섭게
당신은 들어 주시니까요
당신의 뜻이어서 들어 주시는 건가요?
아니면 제가 가엾어서
무조건 응답해 주시는 건가요?
소원을 말씀드리자마자
그 바람이 실현되어
오히려 조심스럽습니다
올 여름처럼

당신께서 더위를 누그러뜨려 주신 일은
한번도 없었던 것 같습니다
장마 때는 비 오는 시기이니까
시원하게 지냈고요
수은주가 삼십도로 올라가
"아버지, 좀 더운데요.
머리가 띵하면 글쓰기가 어렵습니다."
이렇게 조그만 목소리로 중얼거려도
갑자기 구름 한 장,
멀리서 떠오르게 하시고
비를 뿌려 주셨습니다
찬양하며 감사드립니다

하나님,
제가 무엇이기에
이렇게 생각해 주십니까?
인생이 무엇이기에
이토록 염려해 주십니까?
더운 줄 모르고 한여름을 지냈기 때문에만

당신께 감사하는 게 아닙니다
속삭이는 말,
마음 속 생각까지 꿰뚫어 보시고
정식으로 청원하지 않았는데도
척척 기도를 들어 주셔서만
감사하는 것도 아닙니다
제가 당신 마음에 들기 때문에
사랑을 베풀어 주시는 것이 아님도 잘 압니다
저는 제가 누군지
주제파악을 하며 삽니다
사라지는 그림자 같은

한낱 숨결 같은 인생을
이렇듯 존귀하게 여겨 주셔서
너무 감사하여 어쩔 줄 모릅니다

하나님,
어떤 것은 전혀 생각도 못하고
있었던 것인데
이루어 주셨으니
당신 계획에 따른 것이겠죠?
저는 당신께서
저에 대한 계획을 변경시키시면서까지
제 기도를 들어 주십사는 마음은
가져본 적이 없었습니다
저는 영적 성숙만을 바라고 있습니다
제가 현실적인 요구조건을
하도 안 내세우고 있으니까
당신께서 제 마음을 읽으시고
일방적으로 이루어 주십니다
감격스러울 따름입니다

하나님,
무엇을 갖고 싶다고,
무엇을 하고 싶다고,
무엇을 보고 싶다고,
무엇을 듣고 싶다고,
생각하는 것조차 두렵습니다
당신은 제 생각을
속속들이 알고 계시니까요
오늘은 시원한 바람도 주시고
먹을 음식도 주시고
입을 옷도 주셨으며
잠들어 쉴 장막도 주셨으니
더 이상 바랄 것이 없습니다

다만 한 가지 소원이 있습니다
오늘 밤 당신 앞에
조용히 앉아 있는 동안
당신의 거룩한 현존을
제 앞에 드리워 주십시오

의식하지 않아도
자주 하나가 되었던
'습관적 합일'이 아니라,
지금 여기에서 당신과 실제로 하나가 되는
'현행적 합일'의 기쁨을 누리게 해 주십시오
그 외엔 더 바랄 것이 없습니다 †아멘

August
8월 3일

♣ 그러나 귀신들이 너희에게
굴복한다고 해서 기뻐하지 말고,
너희의 이름이 하늘에 기록된 것을
기뻐하여라. (눅 10:17-20)

당신이 기뻐하시니 저도 덩달아

주님, 당신이 웃으시는 얼굴 뵈오니
가슴이 탁 트입니다
이 세상 악의 수레바퀴를 보시고
웃음이 안 난다고 하신 당신이
오늘 파안대소하시다니,
그 까닭이 알고 싶어집니다
옹고집 피우던 그 부잣집 아들이
당신을 구주로 영접했나요?
십 년 이상 귀신들려
가족에게서 격리되어 있던
방앗간집 외동딸에게서

드디어 귀신이 물러갔나요?
병원의 박사들도 못 고치는
불치의 병을 앓고 있던
우리의 보배 친구를
마침내 살려 놓으셨나요?
당신이나 아버지께서
가장 기뻐하시는 일,
회개할 것이 없다던 그 의인이 회개하여
한 죄인이 된 것인가요?

주님,
당신께서 오늘 아버지 집에 보관된
생명의 책을 보셨다고요?

당신을 위하여 모든 것을 버린
제자들의 이름이
그 책에 기록된 것을 보셨군요
당신을 추종하기 위하여,
하늘나라를 알리기 위하여,
목숨까지 바친 숱한 순교자들과
당신이 사신 그 삶을 본받으려고
완덕의 산길을 오른 영성가들,
사막으로 떠나
온전히 당신께만 헌신했던 교부들,
그리고 복음적 가난을 살며
오늘 이 시대에도
작은 예수로 사는 수도자들과 성직자들,
당신 이름의 영광을 위하여
자신의 이름은 감추고
소외된 자들을 위해서
그늘에서 봉사하는
샛별같은 그리스도인들 -
이들의 이름들이

생명의 책에 적혀져 있는 것을
똑똑히 보셨다시는 거죠?

주님,
제게 무슨 말씀 하시려는지
알겠습니다
하나님께로부터 받은 은사 자랑하지 말고
그리스도인이면 당연히,
그리고 기도 제대로 하면
넉넉히 받을 수 있는 권세,
원수 마귀의 세력을 누르고
복종시킬 수 있는 권세 휘둘러
귀신 쫓은 것 떠벌이지 말고,
영원한 생명을 누릴 수 있는
구원에 힘쓰라시는 말씀을
꼭 명심하겠습니다
아직도 공로를 쌓아야 구원 얻는 줄 알며,
"믿습니다, 아멘." 하면
구원받는 줄 아는

한참 잘못된 구원관을
절대로 내세우지 않겠습니다

주님,
왜 이처럼 싱글벙글이십니까!
결코 돌아설 것 같지 않던 사람,
저를 어지간히 괴롭히며 제가 죽기를 바라고
날마다 정화수 떠 놓고 치성드리던
그 여인이 드디어 회개하고
당신을 믿기 시작했다고요?
너무 기뻐서 말이 나오지 않습니다

머지않아 저를 찾아와

틀림없이 사과할 거라고요?

아무 일도 없었던 것처럼

친절하게 맞아 주라고요?

누구의 엄명이신데 불순종하겠습니까?

그의 이름이 하늘에 기록된 게 분명하죠?

주님, 축하드립니다

오늘은 하늘나라에서

큰 잔치가 벌어지겠군요

끝까지 기다리며

기도한 보람을 느낍니다

이 기쁜 소식을

저도 여럿에게 알려야 하겠습니다

주님,

당신이 기뻐하시니

저도 덩달아 진심으로 기뻐합니다 †아멘

8월 August 4일

♣ 하나님이 나를 형님들보다 앞서서 보내신 것은, 하나님이 크나큰 구원을 베푸셔서 형님들의 목숨을 지켜 주시는 것이고, 또 형님들의 자손을 이 세상에 살아남게 하시려는 것입니다. (창 45:1-8)

악을 선으로 꾸미시는

자비의 샘으로 인도하시는 주님,
이미 용서받았고
지금도 계속 용서받고 있으며
앞으로도 용서받아야
구원받을 수 있는 저희가
죄인됨을 깨닫지 못하고,
저희에게 해악을 입힌 형제들을
용서하지 못하여
또 죄를 짓고 있습니다
저희가 형제의 죄를 용서하지 못하면
저희의 죄도 용서하지 않으시겠다고

분명히 말씀하신 것을 기억합니다
저희는 너무 사악하고 잔인해서
쉽게 용서하지 못하고
진정한 의미의 화해도 하지 못하여
당신의 마음을 자주 아프시게 해 드립니다
용서해 주시옵소서

십자가에 못박은 병사들을 용서하신 당신처럼,
자기를 죽이려던 형들을 용서한 요셉처럼,
돌로 때려 죽이려던 사람을 용서한 스데반처럼,
저희도 용서할 수 있는 성품으로
바뀌기를 원하오니
은총을 내려 주시옵소서

잘못했다고 빌면
일흔 번씩 일곱 번이라도
용서하라고 명령하시는 주님,
다른 사람의 허물을 용서함으로써
율법을 성취하고

하나님사랑과 이웃사랑을
증거하라고 하시옵니까!
저희 자신이 큰 죄인이오매
당신의 용서를 받아야 함을
먼저 절박하게 깨닫게 해 주옵소서
오히려 악을 선으로 갚는 자들이
되게 해 주시옵소서

악을 선으로 꾸미기도 하시는 주님,
때로 증오와 악의로 형제에게 끼친 일이
오히려 선의 열매를 맺는 결과를 봅니다

인간의 악을 통해서도
선을 만드시는 신비,
당장은 이해할 수 없지만
시간이 흐르면 납득할 수 있습니다
악의 배경이 된 상황,
악의 도구가 된 사람까지도
진정으로 용서한 요셉처럼,
당신께서 저희를 훈련시키시고
끝내 살리시기 위하여
세워 놓으시는 악한 자들을
진심으로 용서할 수 있는
크나큰 은총을 내려 주시옵소서 †아멘

8월 August 5일

♣ 평화의 하나님께서 친히 여러분을 완전히 거룩하게 해 주시고, 우리 주 예수 그리스도께서 오실 때에, 여러분의 영과 혼과 몸을 흠이 없고 완전하게 지켜 주시기를 빕니다. (살전 5:23-28)

성큼성큼 건너가도록

평화의 하나님,

외부조건과 관계없이

마음의 평화를 누릴 수 있는

풍족한 은총을 내려 주소서

인간 존재를 구성하고 있는

영과 혼과 몸

이 모든 요소가 삼분법으로가 아니라

일원적으로,

평화롭고 균형있게 통일되어

그리스도 안의 새 피조물로

변형되게 해 주소서

날마다 작은 평화에서 큰 평화로
성큼성큼 건너가게 해 주옵소서

거룩하신 하나님,
당신의 나라와 진리,
그리고 봉사의 삶을 위하여
매순간 거룩을 향하게 해 주소서
온전히 거룩한 사람들로 만들어 주소서
말씨와 눈길,
마음의 시각과 발걸음,
어느 것 하나도

더럽고 추한 곳에 머물지 않도록
저희의 영혼을 깨끗게 해 주소서
날마다 작은 거룩에서 큰 거룩으로
성큼성큼 건너가게 해 주소서

완전하신 하나님,
당신께서 완전하신 것처럼
이 허물투성이의 죄인들도
회개를 통하여 당신께로 돌아서서
그 완전함을 닮게 해 주소서
당신 한 분만으로 만족한

삶을 살아냄으로써
영적 간음인 우상숭배에서
벗어나게 해 주옵시고,
영적 순결에 이르도록 도와 주소서
날마다 작은 성결에서 큰 성결로
성큼성큼 건너가게 해 주소서

진실하신 하나님,
당신께서는 당신 나라의 일을 이루시기 위하여
저희 모두가 당신과
신뢰의 관계를 맺기 원하십니다
먼저 자신을 믿고 형제를 신뢰하며
당신께 대한 굳은 신앙으로
미쁘고 아름다운 관계를
지속하게 도와 주소서
그리하여 거짓을 모르는 진실한 사람으로
바뀌게 해 주소서
날마다 작은 진실에서 큰 진실로
성큼성큼 건너가게 해 주옵소서

우리의 기도를 들으시는 하나님,

기도를 쉬지 말게 해 주시옵고,
서로서로 위하여 기도하게 해 주시오며
중보기도를 할 사람들을 붙여 주소서
서로 참아 주고 서로 이해하며
서로 위로하는 덕을 쌓게 해 주소서
친교의 성령께서 저희 안에 오래 머무셔서
참 사랑의 표현인 거룩한 입맞춤을

영혼마다 새겨 주시고,
예수 그리스도의 사랑을 본받아
순종과 충성을 훈련하여
세련되고 통합된 완전성과 거룩성으로
들어가게 도와 주소서
날마다 작은 완전에서 큰 완전으로
성큼성큼 건너가게 해 주소서 †아멘

8월
August
6일

♣ 게으른 사람은 핑계대기를
"바깥에 사자가 있다. 거리에 나가면
찢겨 죽는다." 한다. (잠 22:11-16)

미련한 자의 휴일, '게으름'

게으름은 모든 악의 원천이요,
온갖 불행의 근원임을
오늘도 가르쳐 주시는 하나님,
게으름은 살아 있는 사람의 무덤입니다
마음이 악한 자의 피난처요,
미련한 사람의 휴일입니다
그 게으름이 우유부단을 초래하고
마귀가 유혹하도록 부추깁니다
오 하나님,
지혜의 날을 무디게 하는
게으름을 없애 주소서

게으른 사람은 남의 부림을 받는다고
말씀하시는 하나님,
그 사실을 뻔히 알면서도
저희는 몸도 게을러 터지고
마음도 게으르기만 합니다
온갖 고뇌를 가져오는
게으름 하나를 떨쳐 버리지 못하고,
영적 위기에 대처할
준비조차 하지 못합니다
시간을 선용하지 못하여
공연히 이 일 저 일 집적거리다
하루를 죽여 버립니다
날씨 탓, 건강 탓,
환경 탓, 조건 탓하며 불평하다가
게으른 자들의 대열에 앞장섭니다

온갖 고뇌를 가져오는
게으름 하나를 떨쳐 버리지 못하고
아직도 게으름 주위에서 서성거리고

편안한 것만 좋아하는 게으름뱅이입니다
악마의 베개인 게으름을
속히 팽개치게 도와 주소서
일거리를 찾아 나서게 해 주소서

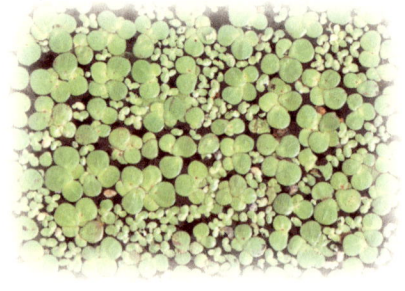

오늘 할 일은 지금 당장 시작하게 해 주소서
요행수를 바라는 나태,
쉬고 싶어하는 유혹을 과감히 물리침으로써,
당신께서 기뻐 받으실 당신 나라의 일을
부지런히 수행하게 해 주소서 †아멘

8월 / August 7일

♣ 그러므로 나는 그리스도를 위하여 병약함과 모욕과 궁핍과 박해와 곤란을 겪는 것을 기뻐합니다. 그것은 내가 약할 그 때에, 오히려 내가 강하기 때문입니다. (고후 12:8-10)

달도 차면 기운다

은총 안에 또 은총을
은총 위에 더 큰 은총을
은총 가운데 다시 은총을
부어 주시고 쏟아 주시는 하나님,
오늘도 온갖 은총이
저에게 임하게 하시오니 감사합니다
충만한 은총, 흡족한 은총,
더할 나위 없는 은총을 주시며
약한 제 몸 안에서
당신의 권능을 어김없이 드러내시오니
감사합니다

하오나 이 은총을
이기적인 동기로 쓰지 말게 하옵시고
당신의 뜻과 뚜렷한 목적을
이루기 위한 것이 되게 해 주소서

하나님,
낮고 천한 자리로 내려오며
약점만을 자랑하며
죽어 있음을 인정하고
당신 안에서 다시 살기를 원하면,
새 생명의 은총을 주시오니 감사합니다

하오나 즉흥적으로, 순간적으로,
일시적으로,
이 은총을 낭비하지 말게 하시고
하늘나라에 이르기까지
꾸준히, 변함없이, 영구적으로,
그 은총 안에 머물게 해 주소서
무력을 능력으로
부족을 풍요로
약함을 강함으로 만드시며
은총 안에서
오직 승리하게 도와 주소서

사랑과 은총 가운데 살게 해 주시는 하나님,
당신의 은총 아니고는
단 한 발자국도 내딛을 수 없습니다
뒤로 물러설 수도 없으며
옆으로 갈 수도 없습니다
위를 바라볼 수도 없으며
아래를 내려다볼 수도 없으며

더더군다나 제 안을 들여다볼 수도 없습니다
어느 것 하나 은총 아닌 것이 없고
어느 일 하나
은총 없이 이루어지지 않은 것이
없음을 깨달으며
영광과 찬미를 드립니다

하나님,
세상의 모든 것이
한번 번성하면 줄어들 때가 있듯이,
고통이 절정에 달했을 때
그 고통은 반드시 줄어들 것이라는

확신을 주시니 감사합니다
'달도 차면 기운다' 고요?
제게 '고통의 완전멈춤의 은총'을
주신 것을 감사드립니다
고통에 집중하지 않고
고통의 너머를 보며,
통증은 느끼지만
아랑곳없이 일들을 할 수 있으며,
저에게서 당신께로
완전한 중심이동을
하게 해 주심을 감사합니다

하나님,
많은 것을 깨우쳐 주는
선생으로서의 고통에 감사합니다
고통 받기 이전의 삶으로 돌아가지 않으며
그리스도의 고난을 더 깊이 묵상하고
나 위하여 십자가에서 고통당하시고
죽으신 예수를

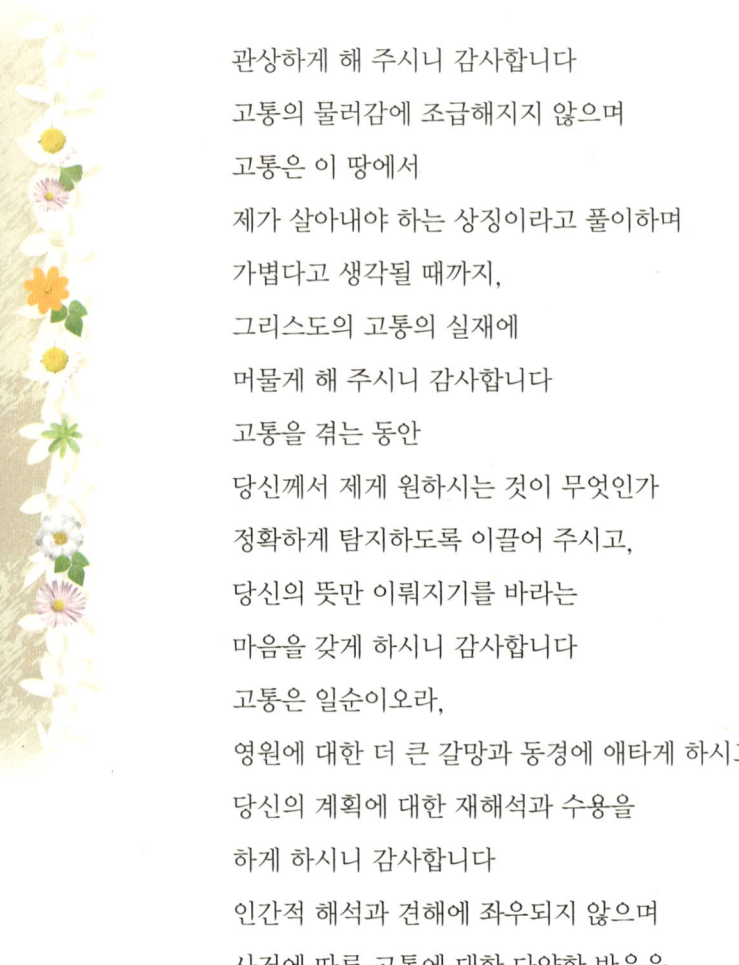

관상하게 해 주시니 감사합니다
고통의 물러감에 조급해지지 않으며
고통은 이 땅에서
제가 살아내야 하는 상징이라고 풀이하며
가볍다고 생각될 때까지,
그리스도의 고통의 실재에
머물게 해 주시니 감사합니다
고통을 겪는 동안
당신께서 제게 원하시는 것이 무엇인가
정확하게 탐지하도록 이끌어 주시고,
당신의 뜻만 이뤄지기를 바라는
마음을 갖게 하시니 감사합니다
고통은 일순이오라,
영원에 대한 더 큰 갈망과 동경에 애타게 하시고,
당신의 계획에 대한 재해석과 수용을
하게 하시니 감사합니다
인간적 해석과 견해에 좌우되지 않으며
사건에 따른 고통에 대한 다양한 반응을
당신의 뜻으로 단순화하도록

지혜를 주시니 감사합니다
부활신앙을 지닌 자답게
고통의 역사를 꿰뚫는
예리한 시각까지 주셔서,
이제로부터 영원히 고통이 멈추며,
어느 순간에도
당신의 뜻이 이뤄지기를 바라며,
회개와 인내를 거쳐
고통에 대한 바른 이해에 도달하도록
은총을 베풀어 주소서
'달도 차면 기운다'는 것을
잊지 말게 해 주소서   †아멘

♣ 너희 가운데서 아들이 빵을 달라고
하는데 돌을 줄 사람이 어디에 있으며,
생선을 달라고 하는데 뱀을 줄 사람이
어디에 있겠느냐? (마 7:9-11)

오, 나의 아버지

아버지,
당신을 부를 때마다
핏빛 울음을 토합니다
당신은 저의 전부이시기 때문입니다
무한히 선하시고 좋으시기 때문입니다
'너'의 아버지이시기보다
'나'의 아버지이시기 때문입니다
당신을 부르면 온갖 시름이 가십니다
당신께서 부녀결연을 제안하시고
마침내 저를 딸로 삼아 주신 일은
큰 기적이며 신비입니다

더구나 당신은 저를
당신의 노리개감이나 꼭두각시로서가 아니라
자유와 의지를 가진 독립개체로,
존엄성을 지닌 성숙한 인간으로 대우하시며
모든 결정권과 선택권을 주셨으니,
어찌 이런 엄청난 일이
저의 남루한 인생에 벌어졌단 말입니까?

오 나의 아버지,
당신을 주저하지 않고
아버지로 기쁘게 모십니다
제가 아버지의 딸이고
창조주이신 당신이 저의 편이시고,
절대자이신 당신에 의해
제가 지탱되고 인도됩니다
할렐루야!
저를 향해 오시는 당신이
'나의 아버지' 이신데
제가 무엇을 겁내겠습니까?

당신이 '나의 아버지' 이시기에
저는 당당하게 살 가치가 있습니다
저를 짓누르는 어둠을 이겨 내고,
빛의 영토로 들어가며,
제 안에 당신 나라를
실현시키려는 시도를
감히 할 수 있습니다
제 목을 조르는 세상을
이겨낼 수 있습니다
저는 이제 당신을
'나의 아버지'로 모셨기에
당신 나라에 한 발을
들여 놓았음을 믿습니다

아버지,

나의 아버지,

당신은 지금 제 눈에 보이시지 않지만,

저는 당신을 봅니다

당신은 참으로 신비로운 분이십니다

당신이 감싸 주시는 빛과 사랑으로

저는 당신을 봅니다

그래서 오늘도 저는 당신을 바라보오며,

숨어 계시나 보이시는 아버지를 뵙듭니다

오, 좋으신 나의 아버지,

오늘도 당신 앞에 왔사오니

사랑한다고 말씀해 주십시오

저도 당신을 사랑합니다 † 아멘

♣ 너희가 악할지라도 너희 자녀에게
좋은 것들을 줄 줄 알거든, 하물며 하늘에
계신 아버지께서야 구하는 사람에게
성령을 주시지 않겠느냐? (눅 11:9-13)

오, 어지신 아버지

어지신 아버지,
오늘도 저는 당신 앞에 엎드렸습니다
기도 자체가 몸부림이 되지 않게 해 주십시오
당신 사랑이 제 속으로 스며들 때까지
제 마음을 여는 시간을
기다리게 해 주십시오
당신이 오늘 저에게서 이루시기를
원하시는 뜻을 알 때까지
고요히 기다리게 해 주십시오
당신을 알지 못하고서는
올바른 기도를 할 수 없다는 것을 압니다

당신을 사랑하는 마음과 신뢰하는 믿음이
토대가 되게 해 주십시오
당신 사랑의 빛을 받고
그 사랑의 반사열에
저를 달구고 싶습니다
당신 안 계신 생은 무의미임을 고백하는
마음이 들 때까지
마음이 달아오르도록 해 주십시오
열렬하게 사랑하는 마음,
감사하고 감격하는 마음을
차곡차곡 넣어 주십시오

그리하여 당신 사랑을 온몸으로 느낌으로써
당신께 대한 새로운 발견을
하나라도 하게 해 주십시오

선하신 아버지,
제가 생선을 주십사는데
당신께서 어찌 뱀을 주시겠습니까?
달걀을 주십사고 하는데
어찌 전갈을 주시겠습니까?
뱀이 생선처럼 보이며
전갈이 달걀처럼 보이는 것은

사막의 추운 밤에 나타나는 현상이라죠?
어떤 아버지가 짓궂게
빵 비슷한 돌, 생선처럼 보이는 뱀,
달걀 비슷한 전갈을
아들에게 주겠습니까!
아들의 요구를 거절할 아버지는
이 세상에 없습니다
질병이 뱀처럼 느껴질 수는 있으나
오히려 그것이
영양을 공급하고 입맛을 돋궈 주는
생선이겠지요
엄습한 불행이 전갈처럼 생각되나,
마침내 건강하게 양육시키는
달걀이 틀림없습니다
먼 훗날 그 사실을 아는 것이 아니라,
즉시 은총으로 변화시켜
당신의 구원계획을 알도록 해 주십시오
그리하여 당신은
그지없이 선하시고 자비하신 아버지이시며

어질디어질기만 한 아버지이심을
깨닫게 해 주십시오

저에게 특별한 계획을 갖고 계신 아버지,
당신은 저만을 통하여
영광을 받으시고 싶어하시는
계획을 갖고 계십니다
당신의 기준대로 끌어올리시기 위하여
훈련을 시키십니다
제가 중병에서 치유되자
빵 문제가 대두되었지요
빵을 주십사 말씀드리자
저의 수입의 공급원인
영어과외를 없애셨습니다
쌀을 됫박으로 팔아 먹을 수밖에 없었습니다
그 때 당신은
저의 겨울외투 주머니 속에
언젠가 넣어 두었던 잔돈푼을
기억하게 하셨습니다

그러나 당신은
빵을 안 주신 날이 더 많았습니다
빵이 없는 것이 곧 빵임을
깨닫게 하셨습니다
저를 '아버지의 신비학교'에
입학시켜 주심을 감사합니다 †아멘

8월
August
10일

♣ 구하는 사람마다 받을 것이요,
　찾는 사람마다 찾을 것이요,
　문을 두드리는 사람에게
　　열어 주실 것이다. (눅 11:10)

오, 사랑이신 아버지

아버지,
사랑이신 아버지,
당신은 저에게 당신 자신을 주셨습니다
아버지의 영, 곧 당신 자신을
서슴없이 내어 놓으셨습니다
그러나 저희는 미련하여
아버지께서 내려 주시는
온갖 복과 은총만을 헤아립니다
그 복의 원천이신 당신을 주시는 것을
까맣게 모르고 있습니다
잘못 청하여 응답되지 않은 것을

깨닫지 못합니다
당신은 자녀들의 청을 거절하시거나
모욕하지 않으시지요
그러나 그 응답은
지혜로우신 뜻과 온전한 사랑에서 옴을
이해하지 못합니다

당신은 자녀가 달라는 것을 주시지만
철없는 자녀의 소원대로가 아니라,
당신께서 가장 좋다고 여기시는 것을 주십니다
당장 좋다고 좋은 것이 아님을
배우게 하십니다
끝내 좋아야 좋은 것임을

알아들으라고 말씀하십니다
지금은 탐탁지 않아도
마침내 꼭 필요한 것이 될 선물을
허락하십니다
당신께서 보시기에 영원한 가치를 지닌
최선을 부어 주십니다

사랑이신 아버지,
오시는 당신을 기다리는 게 기도라고요?
와 계신 당신을 또 기다리는 것이 삶이라고요?
앞으로 오실 당신을 기다리는 희망이 죽음이라고요?
당신께 구하기 전

작전계획을 세우게 해 주십시오
'아버지의 사랑의 현존'을 기다리렵니다
당신의 사랑이 몰려와
거기에 익사할 지경이 될 때까지
기다리렵니다
인간적 관점을
당신의 관점으로 바꾸렵니다
당신의 관점에서 하시는 말씀을
제가 잘 이해할 수 있도록
당신의 사고방식을 가르쳐 주십시오
당신의 선을 인식하기 위해서
저의 악을 인정하렵니다
악한 자녀에게 주실
어지신 아버지의 선물에
감사할 준비를 하렵니다
아버지의 선도 모르는 제게
무조건 내려 주시는
은총과 사랑에 감복할 수 있는
마음의 준비를 하렵니다

사랑이신 아버지,
당신이 주셨던 돌과 뱀,
그리고 전갈은
'은총 속에 핀 꽃'이며
'영광으로 가는 길'이었습니다
악과 선이 어찌 관계를 맺을 수 있을까 놀라며
사랑의 충격을 받아
방바닥에 고꾸라질 때가
한두 번이 아닙니다
이 때,
준비만 하고 있고
아직 시작도 안 했는데

실상 당신을 향한 기도는
끝난 것이나 다름없습니다
당신을 조금이나마 알고
그 사랑과 자비와 선에 감격하며
저의 큰 악을 절감했으므로
당신께서는 영광과 찬양을 받으신 것입니다
'아버지',
조용히 불러도
제 눈에 눈물이 함빡 굅니다
'좋으신 아버지'라고 크게 부르면
당신의 위로의 현존을 느낍니다
'사랑하는 아버지' 하고 부르면
지그시 눈 감으신 당신이 보입니다
오, 아버지,
나의 어지신 아버지,
우리의 좋으신 아버지,
당신을 사랑합니다 †아멘

8월 **August** 11일

♣ 그물이 가득차면, 해변에 끌어올려 놓고 앉아서, 좋은 것들은 그릇에 담고, 나쁜 것들은 내 버린다. (마 13:47-51)

그물을 물가로 끌어내신 다음

주님,
여러 가지 비유로
하늘나라를 가르쳐 주시고
반드시 하늘나라를
차지해야 한다는 것을
일깨워 주셔서 감사합니다
세상의 지식과 안목으로밖엔
판단할 줄 모르는 저희들은
거듭거듭 들려 주시는 말씀의 의미를
이해하지 못하고,
당신이 가라신 진리의 길을

똑바로 가지 못합니다
알아듣는 것 같으면서도 우매하고
혹시 알아듣는다 해도 행하지 못하여
샛길에서 허둥댑니다
심판에 대한 경고의 말씀만 해도 그렇습니다
절실하게 받아들이지 못하고,
심판을 받지 않을 사람처럼
철없이 살아갑니다
마침내 그물을 물가로 끌어낸 후
쓸 만한 물고기와
쓸 수 없는 물고기를 갈라 내듯,
저희 삶의 선과 악을
가려 내시고야 만다는 사실을
통절하게 느끼게 해 주소서

선한 사람들 사이에 끼여 있는
악한 자들을 추려 내시어 심판하실 주님,
당신은 저희의 비밀스러운 인생역사를
낱낱이 알고 계십니다

사람들에게는 감춰져 있으나
당신의 눈엔 여지없이 드러난 은밀한 죄들을
심판대 앞에서 해명하길 원하실 것을 압니다
아, 불구덩이로 들어가며 통곡할 때는
이미 때가 늦었음을 깨닫게 해 주소서
좋은 사람과 나쁜 사람을
분명히 몸소 갈라 내실 그 날,
나쁜 사람의 낙인이 찍혀
불 속에 던져지지 않도록,
오늘 지금 여기서 회개하게 해 주소서

저희를 심판하실 주님,

당신은 이 땅에서는
완전한 사람들로만 구성된
순결한 공동체를 이룩하는 데에
관심을 두지 않으십니다
당신은 그 나라의 그물에
각종 물고기를 모으십니다
서로 다른 동기, 태도와 성격,
문화를 지닌 사람들을 끌어들이며,
당장은 구별하여 선택하지 않으십니다
먼 훗날 그물을 물가로 끌어 내신 다음
정하신 때가 이르면,
선인과 악인을 추리십니다
아, 부디 좋은 물고기로 뽑혀
당신 나라에 들어가게 해 주소서
오늘 지금 여기서 최선을 다하여
심판을 준비하게 해 주소서 ✝아멘

♣ 슬퍼하는 사람은 복이 있다.
그들이 위로를 받을 것이다. (마 5:4)

실없이 웃을 줄은 알면서도

슬퍼하는 자의 기도를 들으시고
위로를 내려 주시는 주님,
저희에게 죄를 아파하는 마음과 순수함을 주셔서
진정으로 애통하여 회개하고
위로받게 해 주시옵소서
죄가 없는 것처럼 스스로 흡족해 하지 않고
자신을 추켜올림으로써
더 깊은 죄에 빠지지 않도록,
매일 매순간
십자가 앞에 무릎꿇게 해 주시옵소서
죄사함을 얻기 위해

하나님의 자비를 청해 주시오며
죄를 용서해 주시겠다는 약속 그대로
용서해 주셔서,
죄사함 받은 기쁨으로
당신의 평화 속에 머물게 해 주시옵소서

애통하는 자의 기도를 들으시고
위안해 주시는 주님,
회개의 기도를 하라면
회개하게 해 달라는 말밖에 할 줄 모르는
저희를 불쌍히 여기시어,
어떻게 회개해야 할지

그 방법을 일깨워 주시옵소서
끊임없는 벅찬 사랑을 주신 것을 알면서도
죄를 지은 저희 자신을
미워하게 해 주시옵소서
다시는 죄를 짓지 않겠다고
결심을 하고서도
어느덧 죄의 수렁 속으로
빠져 들어가 있는
연약한 저희의 모습을
슬퍼하게 해 주시옵소서
회개할 것 없다는 듯이
뻣뻣이 서 있는 의인처럼
되지 말게 해 주시고,
옷만 찢지 말고 가슴을 찢어
통곡하게 해 주시옵소서

주님, 실없이 웃을 줄은 알면서도,
잘 했다 칭찬 듣고 기뻐할 줄은 알면서도,
죄 고백을 하지 못하는

어리석은 자들입니다
죄의 비참한 노예상태를 벗어 버리고,
헛된 욕망으로 썩어가는
옛 사람을 벗어 버리고,
날마다 새로워지는
새 사람을 입게 해 주시옵소서
나의 죄와 이웃의 죄와
세상의 죄까지도 울게 하시고,
아버지께서 가장 기뻐하시는
'회개하는 영혼'이 되게 해 주셔서,
저희를 구원해 주시는 날
더 큰 상급을 받을 수 있도록,
오늘의 발걸음을 인도해 주시옵소서
제 죄가 무엇인지 분별하게 해 주시며
뉘우치며 회개하여
완전히
죄에서 돌이키게 해 주시옵소서 ✝아멘

8월 August 13일

♣ 하나님께서는 너희 머리카락까지도
다 세고 계신다.
두려워하지 말아라. (눅 12:4-7)

제 머리카락이 모두 몇 개예요?

주님,
머리카락이 너무 빠져서
발모제를 바르고 있습니다
하루에 한 움큼씩 빠지고 있는데
당신은 어느 새 제 머리카락을
다 세고 계셨습니까?
하실 일도 많으신데
돌봐야 할 자녀들이 쌔고 쌨는데
저 같은 못난이에게
지속적인 관심을 부어 주시니
감사하고 감사합니다

그런데 놀라운 것은
만물의 영장인 인간에게뿐만 아니라
새와 짐승들까지도 잊지 않고
계시다는 것입니다
하기야 그것들도 당신이 만드시고
아담이 이름을 지어 줄 때
옆에서 보고 계셨으니까요
당신은 정말 두려우신 분이십니다
경외하며 찬양을 드립니다

주님,
당신의 권세를 생각하면
더욱 두렵습니다
지옥에 던질 권세,
마귀의 세력을 꺾는 권세,
그리고 천국으로 인도하실 권세를 가지신 분께
어찌 떨리는 마음으로
엎드려 경배하지 않겠습니까!
큰 권능을 떨치시는

당신만을 두려워합니다
깊은 경외심을
한시도 놓치지 않게 해 주시길
간절히 바랍니다

주님,
그런데 저희 집 딸들 중엔
겁쟁이가 너무 많습니다
이 숲 속의 집엔
곤충들이 유난히 많거든요
지네, 거미, 개미, 그리고 매미,
거기에다가 두꺼비와 개구리까지
집안으로 들어와 진을 칩니다
이 방 저 방에서
비명이 들려 달려가 보면
벌레 때문에 무서워서
두 손으로 눈을 가리고 있습니다
그래서 저는 이렇게 말합니다
"두려워해야 할 것을 두려워해라.

한 길 속도 알 수 없는 네 자신,
어떤 변덕을 부릴지 모르는
네 자신을 두려워해라.
그리고 그런 너를 마음대로 하실 수 있는
하나님을 두려워해라."

예, 주님,
전 당신이 두렵습니다
제가 골방에서 한 말까지
낱낱이 다 기억하고 계시니까요
제 흉악한 죄를 단번에 당신의 피로 씻어서
깨끗하게 해 주셨으니까요
당신은 저를
천국 혹은 지옥으로 보내실 수 있는
단 한 분이시니까요 †아멘

8월
August
14일

♣ 한 지체가 고통을 당하면, 모든 지체가 함께 고통을 당합니다. 한 지체가 영광을 받으면, 모든 지체가 함께 기뻐합니다. (고전 12:22-26)

고통도 함께 나눌 수 있는 것이라고요?

사랑하는 주님,
벌써 몇 번째인지 모릅니다
제 몸의 지체들이
반란을 일으켰습니다
저희들끼리 은밀히 내통하여
긴급대책회의를
꽤 자주 연 것 같습니다
제가 가장 많이 부려 먹는
오른손이 꼼짝을 안 합니다
손목이 계속 시큰거렸는데도

전혀 놀리질 않았거든요
왼손도 쓸 수 있는 사람이라는 걸 눈치챘는지
왼손까지도 연대하여 데모합니다
손가락들이 통풍관절염으로
휘고 통통 부어
한동안은 쉬게 했었지요

그러다가 손가락이 많이 좋아져서
다시 사용하면서부터 일이 꼬였습니다
손을 쓰지 못하면 아무 일도 못하는데,
쉬라는 뜻으로
당신께서 혹시 주동하신 것은 아닌가요?

사랑하는 주님,
하기야 저는 너무 무지막지합니다
제게 딸린 지체들이 불쌍합니다
바지런 떤답시고
도무지 일을 쉬지 않으니까요
앉아서 꼬박 몇 시간이고 있는
집요한 성격 때문에
엉덩이의 습진은
어떤 고약으로도 치료가 안 됩니다
양쪽 어깨에는
과로로 뭉친 근육이,
힘 자랑하며 무거운 것 자주 들어
재발 삼발 되는 좌골신경이 아우성칩니다
가끔씩 꾀를 내어 달래느라고
물리치료도 해 주고 마사지도 해 주지만
굉장히 심통이 나 있습니다
그리고 저희들끼리
여간 사이가 좋은 게 아닙니다
잇몸에 고름 잡히면

귀들까지 합세하거든요
눈이 충혈되면
뇌작용이 정지되고요
글을 오래 쓰면
이목구비가 다 들고 일어나며,
편을 드는 뇌가
언어감각을 죽여 버립니다
한 지체가 고통을 당하면
모든 지체가 그 고통을
함께 당하더라고요
아무래도 주인인 저를

떠날지도 모르겠어요
은근히 겁이 납니다

주님,
이들의 일생은 참 불행했지요
주인 한번 잘못 만나
평생 아프기만 했으니까요
그러나 의리가 있어서 이렇듯 서로 위로하고
고통을 나누고 있으니
기특하기 짝이 없어요
고통 후에 영광이 있다는 것을
가르쳐 주어야 하겠어요
천국계단 입구, 창문에서는
손 검사부터 한다면서요?
힘든 일 많이 해서
구부러지고 곪은 손가락들은
천국에 입성할 자격을 주시지 않을 건가요?
그러면 그 손가락들이 받는 영광을
다른 지체들도 다 받게 될 텐데요

아무튼 지금은 제가 손을 쉬면서
얘들과 화해 좀 해야 하겠어요

주님,
제 편 좀 들어 주세요
제 자신만을 위해서
이렇게 사는 것 아니잖아요?
지체들이 아프면
몸 주인도 아프답니다
아픈 손가락들과 손목을
어서 치료해 주시고요,
낫자마자 더 심한 일을 하지 않도록
제게도 사랑과 지혜를 주세요, 예? 주님!
✝ 아멘

8월
August
15일

♣ 시온에서 슬퍼하는 사람들에게
재 대신에 화관을 씌워 주시며,
슬픔 대신에 기쁨의 기름을 발라 주시며,
괴로운 마음 대신에 찬송이 마음에
가득차게 하셨다. (사 61:1-3, 10-11)

무너진 집터들의 환성

구원의 하나님,
무너진 집터들도 환성을 지른다고요?
찢어지고 깨졌던 지붕들도 춤을 춘다고요?
회복의 은총을 확약하시오니
쓰러졌던 저희가 벌떡 일어납니다
웅크렸던 저희가 기를 폅니다
끝이려니 한숨 쉬었던 저희가
새 힘을 얻고 일어나
새 일을 시작합니다
당신의 빛이 저희의 어둔 인생에
떠오르시오니

대낮처럼 밝은 인생이 됩니다
오 하나님,
그 빛을 거두지 마옵소서
어둠이 다 물러갈 때, 그 때까지
비추고 또 비춰 주옵소서

감사하올 아버지 하나님,
당신을 거역하고 배반하고
외면하고 순종하지 않은 저희에게
어인 광복의 소식이옵니까!
성실은커녕 게으르고 해이했고
정직은커녕 거짓과 악을 일삼았으며
정의는커녕 불의한 길만 걸었사온데,
이제라도 회개하고 돌아서기만 하면
저희의 죄를 따져 묻지 않으시고
모조리 용서하시며
시온의 샘터에서
구원의 물을 긷게 해 주시겠다니
이 어인 감격의 희소식이옵니까!

영원한 구원의 은총의 빛을
다시는 스러지지 않게 하시마는
당신의 말씀을 붙들고
큰 기쁨으로 찬양합니다

신랑처럼 빛나는 관을 씌워 주신
구원의 하나님, 감사합니다
신부처럼 호화스런 패물을 달아 주신
해방의 하나님, 감사합니다
당신을 생각만 해도
뜨거운 눈물이 솟구칩니다
새로운 피조물의 신생의 기쁨,
노래하는 피조물의 새 삶의 찬양이

존재 밑바닥에서 샘솟습니다
아침처럼 화창한 아름다움,
정오처럼 작열하는 정다움,
밤처럼 가라앉는 신비로움,
온통 축복의 빛살이
은혜의 동산에 비춰 옵니다

당신 은총의 현존이
오늘 당신께 경배하는 저희를 비추어
정의와 찬양이 어우러져
한 송이 꽃으로 피어나게 하옵소서
구속받은 백성으로
동터 오는 자유의 햇살과
타오르는 해방의 불꽃을 머리에 이고,
하나님,
당신의 거룩하신 이름을
영광스럽게 부르도록 하옵소서 †아멘

♣ 그런데 사람들은 자기들이 믿은 적이 없는 분을 어떻게 부를 수 있겠습니까? 또 들은 적이 없는 분을 어떻게 믿겠습니까? 선포하는 사람이 없으면, 어떻게 들을 수 있겠습니까? (롬 10:14-15)

단 한 사람만이라도

자비로우신 주님,

실패할까 봐 겁나서,

무안당하는 것이 부끄러워,

열매 없는 헛수고 같아서,

실족할까 봐 두려워서,

당신의 복음을 전하지 못하고

껍데기 그리스도인으로

비겁하게 살았습니다

결과에 실망하면 어쩌나

지레 겁을 먹었습니다

진리를 부패하게 하는 것은

어떤 사람이나 어떤 것에
나타나는 결과를 보려 하는 것임을
이제야 깨닫습니다
진리는 결과를 떠나서 가치가 있는 것이며
사람이 그 진리를 수용하거나 안 하거나
진리는 진리이며,

당신께서 증명해 주신다는 사실을 잊어버리고
전도의 결과를 계산한 죄를
용서해 주시옵소서
평생 단 한 사람만이라도
그리스도인으로 만들 수 있다면,
아니 제 자신 하나가

참된 그리스도인이 될 수만 있다면,
그 자체가 기쁜 소식임을
겸손하게 받아들이는 자들이 되도록
인도해 주시옵소서

주님,
당신의 복음을 목청껏 외치며
불굴의 정신으로 당신을 증거하고 싶습니다
진리이신 당신을
충실하게 선포하고 싶습니다
전도의 실패를 바라보고 탄식하는
지난날의 잘못에서 벗어나렵니다
당신을 전하는 일에

고난이 따르고 박해가 휘몰아친다 해도
결코 중도에서 멈추지 않으렵니다
진리를 선포하는 전도자로,
복음을 받아들이는 신자로,
받은 사명에 순종하는
그리스도인으로 살아가렵니다
기쁜 소식을 알리는 일이
형언할 수 없는
환희가 되게 해 주시옵소서
억제할 수 없는
감사가 되게 해 주시옵소서 아멘

8월
August
17일

♣ 여러분은 서로 남의 짐을 져 주십시오.
   이런 방법으로 그리스도의 법을
   성취하십시오. (갈 6:1-6)

부디 조용히 그리고 또한

자비의 주시여,

당신의 법을 성취하기 위해서

당신의 사랑의 정신을 기준으로

저희 자신의 일을 먼저 살피게 해 주십시오

식별하고 증명하고 숙고하여

당신의 법이 아닌 것은

피하게 해 주시길 원합니다

올바로 살펴 선택한 다음에는

날마다 서로 짐을 나누어 지는

생활을 하게 해 주시고,

잘못한 형제들을

사랑으로 바로잡게 해 주시며,
당연히 져야 할 짐을 지며
자랑하지 말게 해 주십시오

우리 주 예수 그리스도여,
저희들은 필요 없는 짐을
주렁주렁 지고 살아갑니다
때로는 쌓아 두면 곰팡이가 스는 짐인데도
아까워 버릴 줄 모르고
끌어안고만 사는 어리석은 자들입니다
부디 그 짐들을 내 버림으로써
저희의 생이 시들지 않고
싱싱하게 해 주십시오
필요한 짐은 서로 나누어 짐으로써
저희의 인생이 쓸모 있게 해 주시고,
약하디약한 생이
강하게 되도록 도와 주십시오

사랑의 주시여,

당신의 법을 이루기 위해
서로 남의 짐을 져 주기를 원하시는 대로
순종하게 해 주십시오
저희 각자에게는
불가피한 짐이 있습니다

지기 싫어도 져야 하는 짐이 있습니다
부디 조용히 그리고 또한 가볍게,
그 짐을 지게 해 주십시오
저희의 무거운 죄짐을 지신
당신을 바라뵈올 때마다

저희의 가벼운 짐을
생각하게 해 주십시오
여전히 죄에서 벗어나지 못해
단 한 순간도 그 죄짐을
내려 놓지 못하시도록 만드는
이 죄인들을 용서해 주십시오
이제 지지 않아도 될 짐을
자발적으로 지는 자들이 되도록
인도해 주시고,
서로서로의 짐을 다투어가며 질 때마다
거기에 당신의 나라가 세워진다는 것을
확연히 깨닫게 해 주십시오
아주 조그만 짐이라도
날마다 나누어 짐으로써
당신이 걸어가신 사랑의 길을
기쁨으로 따르게 해 주십시오 †아멘

8월
August
18일

♣ 내가 언제 하나님께로 나아가
그 얼굴을 뵈올 수 있을까? (시 42:1-2)

그리움의 속살끼리

하나님, 나의 주님,
당신은 저의 숨은 사랑 이야기를
자주 듣고 싶어하십니다
당신이 먼저 저를 사랑하셨지만
때때로 제가 당신을
먼저 그리워했다고 우기는 것이
재미있으신가 봅니다
제 주장이 맞습니다
사랑은 당신께서 먼저,
그리움은 제가 먼저 시작한 것입니다
당신은 저를 그리움 잘 타는 아이로

애초에 빚으셨습니다
이것이 저의 약점도 되고
장점도 된다고 하시는 이유를
이제는 알고 있습니다만,
그리움에 약한 저로서는
그 그리움을 이기지 못해
청춘을 무모한 방황으로 지새운 것이
원통합니다
끝이 안 보이는 방황,
모색 없는 방황을 하며
어디쯤에 제 그리움의 닻을 내릴까
기웃거렸습니다

저를 구원할 대상을
사람들 중에서 찾았습니다
숲에서 출발했으나
사막과 폐허만 만날 뿐,
저는 언제나 목이 말랐습니다

나의 하나님,
제게 관심이 있다는 내용이 들어 있는
일기장을 보여준 대학시절 남자친구를
첫사랑으로 삼은 것은
순전히 저의 그리움이라는 약점 때문입니다
그러나 그는 훗날 교묘하게 발뺌을 하며
그건 사랑이 아니라 우정이라고 변명했습니다
저는 그 때부터
그리움을 억압하기 시작했지요
모자와 스카프
음악에 대한 욕구로 대치시켰습니다
연극, 방송, 그리고 문학과 춤에 빠져들며
사람들에게서 멀찌감치 벗어나고 있었습니다

그러나 저는 어디에서도
만족을 찾을 수 없었습니다

하나님,
완전한 그 무엇,
제 존재를 매료시키는 그 무엇,
진선미라는 원형,
어딘가에 분명히 있을 그것을
애타게 목말라하며 그리워하며
현실에서 이뤄지지 않는 욕구를
작품으로 만들기도 했습니다
그러나 아무리 퍼내고 퍼내도
저 밑바닥에 그대로 남아 있는
그리움을 주체할 길 없어
울며 몸부림쳤습니다
처음에는 일찍 여읜 어머니에 대한
모성애 결핍증인 줄 알았습니다
그러나 그보다 훨씬 더 근원적인
그리움이 제 안에 있었습니다

현세적 행복에 대한 것도 아니었습니다

주님, 나의 하나님,
중병으로 쓰러뜨리시고
다시 살리셔서
당신의 것으로 삼으심으로써
당신이 비로소 그리움의 대상이심을
명확하게 드러내셨습니다
드디어 그리움의 궁극적 대상을
만나게 해 주셨습니다
아, 마침내, 저의 애타는 그리움은
모색의 길을 찾은 것입니다
제가 그동안 그리워한 것은

바로 당신이었습니다
그토록 갈급하며 찾은 분은
바로 당신이었습니다

나의 주님,
그리움을 만나 그 살을 만지자
마치도 과일의 속살에서 흐르는
과즙 같이 끈적거리는
사랑의 진액이 흘러나왔습니다
당신이라는 그리움과의 접촉 후
저는 비로소 평안을 찾았습니다
제가 애착하던 세상 것들도
그리움으로 바뀌었습니다
그리움 속에서
제 안에 천상적 보화가 들어 있음을
체험한 것입니다
삶이 완전할 까닭이 없으며
제가 원하는 것은
다 채워야 할 필요도 없다는 사실을

뒤늦게서야 깨달았습니다
삶엔 언제나 부족한 것이 남아 있어야 하고
그것을 당신이 채워 주셔야 함을
아주 늦게서야 깨달았습니다
저는 제 안에서
당신을 향한 그리움 하나만
간직하게 되었습니다

아, 비로소 알았습니다
제 치명적 약점인 세상 그리움을
저의 가장 귀한 장점인
천상 그리움으로 바꾸고 보완한 것은
당신의 '사랑에너지'였습니다
그러므로 역시 사랑은 당신이 먼저,
그리움은 제가 먼저임을 확신합니다 †아멘

8월
August
19일

♣ 그는 몸소 우리의 병약함을 떠맡으시고, 우리의 질병을 짊어지셨다. (마 8:14-17)

당신의 손은 약손

고통 받는 형제들을 통하여
당신 자신을 보여 주시고
사랑 받기를 원하시는 주님,
만상에 깃든 당신의 영을
발견하기를 원하시며

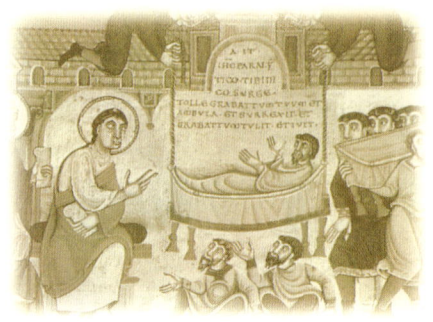

아프고 눌리고 상처 받고 슬픈 자들 안에서
당신의 모습을 알아차리기를 바라십니다
안 보이는 것에서
보이는 당신을 찾기를 원하십니다
작은 것들 안에서
숨겨진 큰 세계의 씨앗을
발견하기를 희망하십니다
도처에서 당신이 고통당하시고 헐벗으시고
억눌리시고 굶주리시고 병드시고
설움에 지치신 모습을
알아뵙기를 원합니다

믿음 없는 저희들을 불쌍히 여기시고
다만 가여워서 치료해 주시는 주님,
영육간 하나도 온전치 못한 저희를
이모저모로 보살피시며,
큰 수술, 작은 수술 해 주시며
말씀의 능력으로 고쳐 주신 은혜를 감사드립니다
보잘것없는 저희를 줄곧 치유해 주신 후,
작은 도구로 써 주시며
당신 나라의 뜻을 이뤄 가시오니
진심으로 감사드립니다
당신께로부터 비춰 오는 치유의 광선을 통해서
저희의 아픈 몸이 낫게 해 주시고,
온전치 못한 영혼과 정신이
고침받게 해 주시기를 간절히 바랍니다
만병의 의원이신 주님,
당신은 명의 중의 명의이십니다
몸소 우리의 허약을 맡아 주시고
병고를 짊어지셨으니,
당신의 말씀은 곧 능력이요 창조입니다

당신의 손을 펼치셔서
저희의 아픈 곳을 어루만져 주십시오

약손을 가지신 주님,
당신은 열병으로 고생하는
베드로의 장모의 손을 잡으심으로써
단번에 고쳐 주셨습니다
당신의 손은 약손,
당신의 손은 기적의 손, 사랑의 손,
치료의 손이십니다
열이 내려 완쾌된 베드로의 장모는
병석에서 일어나자마자

당신의 시중을 들었습니다
봉사를 위해 구원받게 된 것을
재빨리 알아차렸습니다
오, 만인의 치유자이신 주님,
저희도 고침받고 건짐받은 보답으로,
치료받은 자답게
당신 위해 살게 해 주십시오
당신 나라를 위해
몸 바치게 해 주십시오 †아멘

8월
August
20일

♣ 나에게 능력을 주시는
  분 안에서, 나는 모든 것을
  할 수 있습니다. (빌 4:10-14)

배고프거나 넉넉하거나

하나님, 내 주 하나님,
사랑하시는 아드님을 통하여
자유의 길을 열어주심에
감사드립니다
세상 것에 대한 관심에서 멀어지고
세상 사물에 얽매이지 않으며
완덕의 산으로 오르는 길을
보여주심에 감사합니다
희생해야 하는 본분으로서가 아니라
어떤 처지에서든지 자족하는 법을
가르쳐주심에 감사드립니다

하나님,
그러하오나 열어 주시고 보여 주시고
가르쳐 주신 길을 가면서
한없이 질척거립니다
더 갖고 싶은 탐욕 때문입니다
갖고 있지 않은 것에 대한
불평 불만 때문입니다
더 편하고 싶은
욕심 때문입니다
불편하고 부족한 것을
참지 못하기 때문입니다
비천하게도 풍족하게도 살 줄 아는
겸손이 없기 때문입니다

어떤 경우에도 적응할 줄 아는
동화력이 없어서입니다
배고프거나 넉넉하거나
건강하거나 아프거나
시련에 처하거나 역경중이거나
당신이 주시는 능력에 힘입어
무슨 일에든지 자족할 수 있고
어떤 일이든지 잘 할 수 있도록
도와 주옵소서
작은 것에 만족하며
적은 것에 자족하며
모자라는 것에 기뻐하게 해 주옵소서   † 아멘

8월
August
21일

♣ 우리 주 예수 그리스도의 하나님,
영광의 아버지께서 지혜와 계시의 영을
여러분에게 주셔서, 아버지를 알게 하시고,
여러분의 마음의 눈을 밝혀 주시기를
빕니다. (엡 1:15-19)

자신을 드러내지 않고도

오 하나님,
우리에게 당신을 알 수 있는
지혜를 주시옵소서
당신 아드님 우리 주 예수 그리스도를
알 수 있는 통찰력을 주시옵소서
자신을 드러내지 않고도 충만하신
성령을 알게 해 주시옵소서
어둔 마음의 눈을 밝혀 주셔서
당신이 누구신지 뵙게 해 주소서
당신의 뜻이 무엇인지 깨닫게 해 주소서
당신이 우리에게 주실 거룩한 분깃이

어떤 것인지 알게 해 주소서
당신의 능력이 얼마나 위대한지
감지하게 해 주소서
우리가 물려 받을 축복이
얼마나 영원한 것인지 느끼게 해 주소서

오, 영광스러운 아버지,
옅은 믿음의 가슴을 열게 해 주셔서
당신을 더욱 깊이 믿게 해 주소서
우리의 마음 속에 그리스도가 들어오시어
떠나지 말게 해 주소서
사랑을 뿌리 박게 하시어

당신의 신비가 얼마나 깊은지
깨닫게 해 주소서
이리하여 불완전한 우리가 완성되고
당신의 계획이 완전히 이루어지게 해 주소서
넘쳐 흐르는 영광의 아버지께서
성령으로 우리의 힘을 돋구어
내적 인간으로 굳세게 해 주소서

오 빛이신 하나님 아버지,
당신께 영광을 돌릴 수 없을 만큼
어두워졌던 마음을 밝혀 주셔서
이제는 속사람이 당신 진리의 빛으로
차고 넘치게 해 주시고,
당신께서 저희를 부르셨을 때 주신
능력의 무한한 가능성을
길이길이 키워 나가게 해 주소서
지혜의 영을 부어 주시어
오묘하신 당신의 섭리를 깨닫게 하시고,
당신을 아는 지식이 날마다 자라게 해 주셔서

궁극적으로 무엇을 바랄 것인지에 대한
통찰을 얻게 해 주소서
당신을 믿는 우리에게 베푸신
지극히 크신 능력이
우리 안에서
영광스럽게 나타나도록 도와 주소서 †아멘

8월 August 22일

♣ 나는 사람이 판단하는 것처럼
그렇게 판단하지는 않는다.
사람은 겉모습만을 따라 판단하지만,
나 주는 중심을 본다. (삼상 16:6-13)

고난을 인내로 건널 줄 아는

인간의 속마음을 들여다보시며
겸손한 믿음과 진실을 찾으시는 하나님,
저희의 판단기준이
용모나 신장임을 개탄하며
당신 앞에 용서를 청합니다
당신께서는 신실한 사람을 눈여겨 보십니다
사랑이 충만한 사람을
마음에 두십니다
오래 기다릴 줄 알고
시련과 고난을 인내로 건널 줄 아는 사람을
종으로 뽑으십니다

항상 당신 앞에 서 있으려 하며
당신의 영으로 가득찬 사람을
당신의 일꾼으로 부르십니다
오 하나님,
당신께 인정 받아 부름 받고
당신의 기준에 합격하여
뽑히는 자 되게 하여 주소서

마음이 깨끗하여 탐욕 없고
오직 당신의 영광만을 위하여
사는 사람을 찾으시는 하나님,

저희는 자신의 영광만 추구하고
마음은 욕심으로 가득차,
영적 성결을 잃었습니다
당신께서는 한 입으로 두 말하지 않는
사람을 좋아하십니다
자제력 있고 신중한 사람을
어여삐 여기십니다
성실하고 순종 잘 하는 사람을
사랑하십니다
온유하면서도 의로운 사람을
곁에 두기 원하십니다
오 하나님,
당신 종의 조건을 충족시키고
당신의 일꾼의 자격에 부합하여
당신을 섬기는 종으로 살게 해 주소서 †아멘

8월
August
23일

♣ 너희는 따로 외딴 곳으로 와서,
　　좀 쉬어라. (막 6:31-32)

더 빨리, 더더욱 빨리

주님,
언젠가 한 시인은
빡빡한 제 시간표 안으로
들어올 수가 없어서
기다리다 지쳐 침묵과 단짝이 됐다는
시를 썼습니다
제 안은 하도 뜨거워
어지럽다고 표현했습니다
그래서 잠깐 멈춰 생각해 보니
청춘시절엔
잠 잘 시간도 없이 바빴더군요

심야방송을 하던 때는
애청자들의 엽서 고르고 방송원고 쓰느라고
하루에 두 시간밖에 못 잤지요
낮엔 가르치고 틈틈이 글 쓰고
밥 먹는 시간조차 아까워서
서서 밥을 먹었습니다
무엇이 그리 바쁘고
무엇이 밥 먹고 잠자는 것보다 중요해서
그런 무모한 세월을 보낸 것일까요?
바쁜 것이 큰 자랑인 줄 안 모양입니다
당신께는 눈길 한 번 안 드리며
세상 일, 인기 얻는 일에만
열중했던 젊은 시절의 제 죄를
용서해 주십시오

주님,
현대인의 인생공식은
속도 곱하기 수량이랍니다
그 답은 틀림없이 탈진입니다

"더 빨리, 더 많이,
더 질 좋게, 더 싸게"
현대산업의 품질관리 표어는
분명히 현대문화의 소음입니다
더 많은 것을 더 빨리 가지려고
새벽부터 밤까지
눈코 뜰 새 없이 일하며 몸을 부숩니다
존재내면에서 개가 짖습니다
"더 빨리 서둘러. 더더욱 빨리!"
이 소음이 영혼을 죽이고 있습니다
소음과 파멸의 악순환으로
인류는 죽어가고 있습니다
멈출 줄 몰라서입니다
멈추면 경쟁에 지고
이내 낙오된다는 생각 때문입니다
자기 중심의 삶에서
하나님 중심의 삶으로 돌아가기 위해서
걸음을 멈추고 그 바쁜 일에서
물러서지 못하는 게 크나큰 병입니다

저는 이런 병을 앓고 있지는 않습니다만,
제 입에서도
현대인의 불치병 신음 후렴이
심심찮게 나오고 있습니다

주님,
매일새벽 끝기도 시간,
양심을 성찰하고 하루를 살피면서
제가 한 말을 더듬어 봅니다
"오늘은 바쁘단다. 정말 바쁘구나.
빨리빨리 하지 않으면
오늘 일을 오늘 다 못 끝낸다.
시간이 없다."

물론 좋은 의미로 해석하자면
내일이 없는 종말론적 삶을 살기 때문입니다
오늘만 제게 있기 때문입니다
그러나 한 걸음 물러서서 생각하면
일에 욕심이 많기 때문입니다
오늘 일을 결코 내일로 미루지 않으며
시간이 남으면
내일 계획했던 일까지 하는 욕심쟁이입니다
한꺼번에 여러 가지 일을 할 수 있는
보배로운 은사를 받은 것을
이렇게 몸을 혹사하는 데 씁니다
한번 일을 시작하면
끝날 때까지 여간해서 쉬지 않습니다
함께 일하는 사람들이
두 손 들 때까지 일을 계속합니다

주님,
저는 그야말로 숨 넘어갈 듯 살고 있습니다
당신은 안타까워하시며

결국 저를 쓰러뜨리시지요
체질은 약하지만 강단이 있는 몸인데
결국 과로해서 항상 아픕니다
따지고 보면 인건비 벌고 있는 셈입니다
아니, 어느 때는
누가 대신 해 줄 수 없는 일 때문에
꼼짝 없이 붙들립니다
한 템포만 늦추라고 사정사정하던 남편이
어느덧 저를 따라오고 있습니다
나이를 고려하지 않고
여전히 서너 시간 잠자면서
'빨리 빨리, 더 빨리' 일만 하고 있는 저는
누구입니까?
참으로 어리석은 인간입니다
당신께 나아오는 시간 외엔
휴식할 줄 모르는 인간입니다
인생을 즐기며 쉬엄쉬엄 갈 줄 모르는 저는
사는 맛도 모르는 걸까요?
그런데 전 일하는 게 재미있어요

우두커니 쉬는 것이 싫은 걸 어떡해요?

주님,
하지만 당신 앞에서는
빨리빨리 기도 해치운 다음,
일어나지 않습니다
이것 하나 간신히 합격하여
당신께서 봐 주시는 것 아니에요?
당신으로부터 빛이 비춰 올 때까지,
말씀이 들려올 때까지,
개념 없고 표상 없는 당신을 관상할 때까지,
저는 죽치고 앉아 있지요
이 때만 궁둥이가 질겨 빠집니다
이젠 속도 좀 늦출 수 있도록
당신께서 도와 주십시오
느긋하고 여유 있는 삶을
기뻐하며 향유하게 해 주십시오 † 아멘

8월 August 24일

♣ 네가 누구이기에, 무지하고 헛된 말로 내 지혜를 의심하느냐? (욥 37:14-38:2)

인생의 밤 가운데

줄기차게 누구시냐고 묻는 욥에게
정확한 대답은 하시지 않고
오히려 되묻고 계시는 하나님,
당신은 불가지의 하나님이시며
신비스러운 일만 하신다고
생각하는 저희로 하여금
새로운 신상을 갖도록 하시오니
감사와 찬양을 드리옵나이다
당신께서는 고난을 주시면서
그 가운데서 당신의 뜻을 깨닫고
당신이 누구신가 알아 내도록 하십니다

저희의 질문과는 전혀 다른 대답을,
혹은 다른 물음을 통하여 말씀하십니다
인생의 밤 가운데 경고하시며
교만과 자기만족을 꺾으시고,
당신의 방법과 사람의 기대가
같지 않음을 알려 주십니다
오 하나님,
당신을 알고 싶나이다

때때로 고통과 시련으로
인간을 교육하시는 하나님,
당신은 고통이 계시의 방편이라고
말씀하시지 않습니다
고통은 다만 당신의 계시의 길이
될 수 있음을 암시하십니다
고통 중에 있는 자들로 하여금
당신의 말씀에 귀 기울이는
태도를 갖게 하십니다
그리하여 말씀을 통하여

당신이 어떤 분이신지 알도록
훈련시키십시오
당신의 뜻은 언제나 구원하시는 일이요,
고난을 주심도
은총을 주시기 위한 것임을 믿습니다
당신의 최종 목적은
사람이 그저 살아가는 데 머물지 않고
생명의 빛 안에서 기쁘게 살 수 있게 하심임을
확실히 깨닫게 해 주십시오
당신께서 계속 물으실 때
당신 앞으로 나가
그 물으심의 진의를 파악하게 하시고
당신이 누구신지 알게 해 주옵소서
오 하나님,
당신의 정체를
바로 깨닫게 해 주옵소서 †아멘

8월 August 25일

♣ 지금은 우리가 거울 속에서 영상을 보듯이 희미하게 보지마는, 그 때에는 우리가 얼굴과 얼굴을 마주볼 것입니다. (고전 13:8-13)

나는 줄어들고 사라져

완전한 사랑이신 주님,
가장 완전하신 당신을 뵙는다는 것은
곧 사랑한다는 것이오매
당신을 뵈옵고자 몸부림치고 있습니다
완전한 것이 나타날 그 날을
신음하며 기다립니다
지금은 고통스럽고 실망스럽고
때때로 슬프기도 하지만
이 세상이 가고 당신의 날이 오면,
사랑과 평화가 넘치는 영원한 생,
희망의 생이 온다 하심을 믿으며

현실을 극복하고자 합니다
장차 올 풍부한 생명과 지식,
그리고 사랑의 약속을 바라보며
위안을 받사오니
말씀하신 대로 언약을 이루어 주소서

가실 줄 모르는 사랑을
쏟아 부어 주시는 주님,
당신의 사랑은 영원하십니다
삼위 하나님의 인간에 대한 사랑을 생각하며
감격하여 눈물 흘립니다
주시기만 하는 사랑에 감사합니다
내어 주시고 숨으시는 사랑에 감격합니다

구속하시는 사랑에 감동합니다
당신을 잊으시면서까지 하시는
몰아적 사랑에 감읍합니다
저희도 언제 그 사랑을 본받아
원수까지도 포옹하는 사랑을 할 수 있을까요?
오, 사랑이신 주님,
나는 줄어들고 작아지고 사라지며
온전히 없어지는 사랑을 하게 해 주소서

조건없는 사랑을 베풀어 주시는 주님,
당신의 사랑은 완전하십니다
사랑으로 생각하고, 사랑으로 말하고,
사랑으로 일하고, 사랑으로 행하며,
사랑으로 살아가고 싶습니다
사랑하기에 오래 참고
사랑하므로 이웃을 있는 그대로 받아들이고
사랑하는 까닭에
이웃에 대하여 자애롭고 싶습니다
사랑하는 연고로 형제를 이해하고

사랑하기 때문에 형제를 어루만지고 싶습니다
참 사랑은
무장을 해제시키는 줄 믿고 있사옵기에
오직 사랑으로써
완전을 향해 나아가고 싶습니다
사랑이 없어 비탄만 가득한 이 세상에서
저희만이라도 사랑을 증명해 보이는
실존이 되도록 도와 주소서
오 사랑이신 주님,
나는 줄어들고 작아지고 사라지며
온전히 없어지는 사랑을 하게 해 주소서
가장 위대한 사랑을
실천하게 해 주소서   †아멘

8월
August
26일

♣ 마음이 흥겨워서 읊으니,
  노래 한 가락이라네. (시 45:1)

마음으로 쓰는 노래

주님,
사람들은 제가 말을 안 하고 있으면
걱정거리가 있는 줄 압니다
제가 말이 없는 사람인 줄 모릅니다
며칠이라도 말을 안 하고
살 수 있는 사람이라는 사실을 모릅니다
말을 안 하고 살아도 불편하지 않으면,
저는 말을 하지 않습니다
그러나 남남끼리 함께 모여 사는 공동체에서
침묵하고 있으면
초상집 같아서,

말을 하고 싶지 않아도
언제나 말을 하고 있습니다
가족의 눈치 살펴야 하고
그들의 건강에 마음 써야 합니다
너무 많이 아파서 눈도 뜨기 힘든 날에도
저는 건강한 사람처럼,
낭랑한 목소리로 이야기를 꺼냅니다
아무도 제가 아픈 줄 모릅니다
제 입으로 발설하기 전까지는
어느 누구도 제 표정을 보고는
아픈 줄 짐작하지 못합니다
저는 저희 집에서
가장 건강한 사람입니다

주님,
그러나 때로 전
아무 말도 하고 싶지 않습니다
조용히 있어도
분위기가 가라앉지 않을 수는 없을까요?
얼마간 말없이 밥을 먹다가
썰렁한 에너지 때문에
다시 말하곤 합니다
한동안 수도자들이 식사할 때 하는
'거룩한 독서' 시간을 가지기도 했습니다
《그리스도를 본받아》 같은
좋은 책으로 영적 독서를 하는 거지요
그것을 듣느라고 먹은 것이 체한다고 하여
꾸준히 실행하지 못했습니다
그래서 제가 다시 희극배우가 되어
날마다 모두를 즐겁게 해 주는
일을 하고 있습니다
당신도 저희 식탁에 계시다가
웃으시잖아요?

주님,
나머지 시간에는
당신하고만 있고 싶습니다
그런데 정작 당신께는
말씀드릴 것도 없지요
사랑합니다, 감사합니다,
찬양합니다, 영광을 드립니다,
이 말씀만 드리고는
저는 당신의 말씀을 듣고만 있지요
당신의 사랑을 보는 것을 좋아하지요
당신의 옷자락을 만지기를 원하지요

주님,
당신께 말씀드려야 할 일들이 생기면
저는 편지를 씁니다
매일 밤 우표 없는 편지를 씁니다
외동딸이 아빠의 품에 안겨
하루 일을 보고하며 재잘거리듯,
미주알고주알 마음을 털어 놓는

길고 긴 편지를 씁니다
밤이 모자라 새벽으로 들어갑니다
제가 쓴 연애편지들 중에서
가장 뜨거운 편지입니다
당신께서 어떻게 생각하실지
염려하지 않고
말 꾸미지 않고
허심탄회하게 쓰는 편지입니다
당신은 이것을 노래라고 칭찬해 주시죠
'마음으로 쓰는 노래'라고요
못 아뢴 말씀이 있어서
밤새도록 당신께 속삭입니다

잠을 자려고 하다가도
또 다시 당신께 안기고 싶습니다
'입으로 쓰는 노래',
당신은 그것을 편지라고 부르시지요
평생토록 아무리 써도 끝나지 않을
길고 긴 '사랑의 연서'가 될 것입니다
이 사랑의 편지를
오늘도 당신께 드립니다 †아멘

8월
August
27일

♣ 네가 하는 일을 주께 맡기면, 계획하는 일이 이루어질 것이다. (잠 16:1-5)

당신께 여쭤보지 않고

당신 뜻대로 일을 이루시는 하나님,
저희는 하루에도 수십 번씩
계획을 세웁니다
당신께 여쭤 보지 않고
멋대로 세우는 것이어서
합리성도 없고 성취 가능성도 없습니다
그러면서도 저희들 위주로 계획을 세우고
나름대로 결정을 내리며,
당신의 뜻이라고 교만하게 말합니다
맡겨드리지 못하기에 실수 투성이이고
신뢰하지 못하는 까닭에

좌절하는 저희들을 보시고
얼마나 애가 타십니까!
결과가 더디 오고
그 내용이 저희가 바란 대로가 아니더라도,
당신의 뜻이라면 기꺼이 수용할 수 있는
저희가 되게 해 주소서
저희의 앞날을 당신 손에 맡기오니
한결같은 사랑으로 구해 주소서

무슨 일을 하든지 당신께 맡기기만 하면
틀림없이 이루어 주시는 하나님,

근심 걱정을 송두리째 맡기라고,
내일 일을 염려하지 말라고,
거듭거듭 말씀하시는데도
저희들은 오늘 맡겼다가
내일이면 다시 찾아오는
어리석은 자들입니다
맡기는 것이 어떻게 하는 것인지 몰라,
맡겨본 일도 없습니다
당신은 세상에 안 계신 듯,
저희 마음대로 계획을 세우고
일을 추진해 나가며,
제대로 일들이 풀리지 않을 때는

당신이 도와 주시지 않은 까닭이라며,
원망만 합니다
분별력도 없고 통찰력도 없어서
겉으로만 보고 판단하는 미련한 저희들을
용서해 주소서
맡겨드리기만 하면
당신 뜻대로
지체없이 이루어 주시는 사랑을
받아들일 줄 알게 해 주소서
길이 흩어지지 않는 것은
당신의 뜻,
길이 흔들리지 않는 것은
당신의 계획뿐입니다
저희의 앞날을 당신 손에 맡기오니
변함없는 사랑으로 구해 주소서 †아멘

8월 August 28일

♣ 그러나 첫째가 꼴찌가 되고
꼴찌가 첫째가 되는 사람이
많을 것이다. (마 19:27-30)

그 생명의 요청

영원한 생명으로 초청하시는 주님,
그 생명의 실상은
영광과 다스림임을
말씀하시는군요
그 생명의 결과는
백 배의 상임을 확인시켜 주시는군요
그러나 그 생명의 길은
좁고 험하다고 이미 말씀하셨죠
그 생명의 요청은
당신을 추종하는 것임을
여러 번 역설하셨죠

모든 것을 버리는 것임을
명백하게 말씀하시고 계시군요
오 주님,
그 생명을 얻기 위하여
제 십자가를 지고 당신을 따르게 하옵소서

구원의 상급을 말씀하시는 주님,
당신의 말씀을 듣고
성부를 믿는 사람은
심판을 받지 않을 뿐만 아니라,
이미 죽음의 세계에서 벗어나
생명의 세계로 들어섰다고요!
생명의 근원이신 당신을 믿는 것 자체가

이 땅에서의 상급임을 믿습니다
하오나 당신은 그 나라에서의 상을
약속하시오니 감격합니다
오 주님,
저희가 비록 지금은 꼴찌이오나
그 때는 첫째가 되게 해 주옵시고,
상을 의식하고 당신을 추종하는
꼴찌가 되지 않도록
영원한 은총을 내려 주옵소서   †아멘

8월
August
29일

♣ 낮에는 주님께서 사랑을 베푸시고,
  밤에는 찬송으로 나를 채우시니,
  나는 다만 살아 계시는 내 하나님께
  기도합니다. (시 42:8)

밤엔 간절함으로 나를 채우시니

주님,
저는 새벽을 사랑합니다
쏟아지는 잠을 이긴 후
새로운 오늘을 당신의 손으로부터
받는 시간이기 때문입니다
동산의 새들이 밤잠을 자고 일어나
새로운 생명을 당신으로부터 받아
기뻐 지저귀는 시간이기 때문입니다
하루가 어떻게 펼쳐질까
조마조마하며 기다리며,
새로운 삶을 희망하는

벅찬 시간이기 때문입니다
새벽을 날마다 다시 오게 하시는
당신을 사랑합니다
고난의 밤을 이기시고
부활의 새벽을 여신
당신을 사랑합니다

주님,
저는 낮을 사랑합니다
맹렬하게 일하며

생존이 아닌 생활을 위한
제꼴 갖춘 삶을 만들어 주는
시간이기 때문입니다
땀 흘리는 노동의 의미를 깨닫고,
누군가를 위하여
몸을 불사르는 시간이기 때문입니다
어느 누가 자기만을 위하여
그토록 치열한 생존 경쟁에
뛰어들겠습니까!
사랑하는 이들을 위하여
온몸으로 뛰는 낮,
이글거리는 태양 밑이나
검은 구름 덮인 하늘 아래서나,
더불어 사는 행복을
절감하는 시간입니다
긴긴 낮시간 동안
단순한 목수 일을 하시며
단 한 마디의 불평도 하시지 않은
당신을 사랑합니다

저희에게 사랑을 베푸시고
또 베푸시는 당신을 사랑합니다

주님,
저는 저녁을 사랑합니다
힘 쏟아 성실하게 일한 것을 모아놓고
집으로 돌아오는 시간이기 때문입니다
미결함을 없애고
오늘을 오늘로 완성하는
시간이기 때문입니다
모락모락 김 오르는 밥,
입맛 돋구는 나물 반찬,

사랑의 내음이 풍기는 앞치마,
준비된 감사와 격려가 있는
식탁으로 모여들기 때문입니다
감사기도를 하시며
빵을 떼시던 당신을 사랑합니다
자주 모여 빵을 떼길 원하신
당신을 사랑합니다

주님,
저는 밤을 사랑합니다
모두들 안식으로 들어가는 시간이기 때문입니다
하루를 아름답게 끝내도록
인도해 주신 것을 감격하며

찬송하는 시간이기 때문입니다
다시 시작할 수 있는
에너지를 모으는 시간이기 때문입니다
잠시 긴장이 풀어지는 것 같다가도,
내일을 바라보며
마음을 여미는 시간이기 때문입니다
간절함으로 마음을 채워 주시는
당신을 사랑합니다
당신의 값진 선물,
하루를 지켜 주신 당신을 사랑합니다
내일 일은 염려하지 말라고
말씀해 주시는 당신을 사랑합니다 †아멘

8월 August 30일

♣ 깨어나라, 그리고 아직
　　남아 있지만 막 죽어가는 자들을
굳건하게 하여라. (계 3:1-6)

죽어 있는 줄도 모르고

깨어나라고 명하시는 주님,
죽어 있으니 살아나라고
자꾸자꾸 호소하시는 주님,
잠든 줄도 모르고 있는 저희를
죽어 있는 줄도 모르는 저희를
아직도 사랑하고 계시다니,
눈물겹도록 황공하나이다
예, 주님,
저희는 죽어 있나이다
당신의 가르침을 건성 듣고
당신의 말씀을 한 손으로만 받아

길바닥에 흘리고
공중에 흩날려 보냄으로써
부활하신 당신의 지상명령을
지키지 못하고 있나이다
어제는 지켰다가
오늘은 안 지키는 불신자로
완전히 죽어 있나이다

어제는 충성을 다 바치고
오늘은 배신자로 죽어 있나이다
어제는 이타주의로 살고
오늘은 이기주의자로
완전히 죽어 있나이다

주님,
복음을 지키기를
날마다 일관성 있게 하여
당신의 길을 함께 걷게 해 주옵소서
도둑처럼 다시 오시마는 주님,
깨어 있지 않으면 갑자기 오셔서
심판하시겠다는 주님,
저희는 마귀의 시험, 세상의 온갖 시험도
경계하지 못하고
맥 놓고 살아가나이다
방심이 계속되며
자제력이 흐슨해져 있나이다
심신의 피로를 극복하지 못하고
자신을 파멸시키고 있나이다
영원이 순간에 침입할 날을
깨어 기다리지 못하고 있나이다
거짓 교훈과 거짓 선생들도 경계하지 못하고
자신의 약점, 부정적 성향,
쉽게 절망하고 쉽게 좌절하는 병 때문에

목숨이 끊어져 있나이다
신앙의 형식만 유지하며
생동하는 능력을 상실했나이다
겉으로 칭찬 받는 일에 중독되어
내면의 부패를 더 가중하고 말았나이다
겉으로는 멀쩡하게 살아 있으나
결국은 죽은 자들이나이다

주님,
죽음의 잠에서 깨어나
다시 새롭게 살도록
은총을 베풀어 주옵소서 †아멘

8월 August 31일

♣ 삭개오야, 어서 내려오너라.
오늘은 내가 네 집에서
묵어야 하겠다. (눅 19:1-10)

사랑이 구원을 불러온다

주님,
사랑이 구원을 불러옵니다
사랑은 사랑의 경로를 거칩니다
삭개오가 당신을 만나게 된 것은
사랑이 구원으로 손짓하는
길을 보았기 때문입니다
언제나 읽어도 감동적인 삭개오의 이야기로
사랑의 경로를
다시 한 번 걷고 싶습니다

사랑의 길을 통해 오시는 주님,

사랑에 불이 붙으면
보지 않고는 못 배기는
사람으로 변합니다
구원은 사랑을 보고 싶어하는 데서
싹트는가 봅니다
삭개오는 당신이 어떤 분이신지 보려고
뽕나무 위에까지 올라갔습니다
거기에서 당신을 보았습니다
삭개오는 당신의 눈길을 끌기 위해
사랑으로 앞질러 뛰어가고
앞질러 나무 위로 올라갔습니다
너무 사랑하기에

당신 앞으로 나아가겠다는데
당신께서 말리시렵니까!

사랑의 길이 되신 주님,
그러나 아무리 사랑해도,
아무리 나 혼자 보려고 애써도,
사랑하는 당신이 보아 주지 않으시면
아무 소용이 없습니다
사랑하는 열망이 제 아무리 강해도,
사랑을 느끼는 대상이 눈길을 주지 않으면
아무 소용이 없습니다
삭개오는
뚫어지게 당신을 내려다봄으로써
당신과의 눈 마주침을 실현합니다
사랑은 말씀을 유인하며
말씀과 마주치게 하기 때문입니다
눈이 마주치자
마음이 서로 맞닿았습니다
눈길이 가는 곳에

마음이 따라가기 때문입니다
당신은 삭개오의 이름을 부르시며
그의 사랑을 타오르게 하십니다
사랑은 말씀과 마주치자마자
말씀을 모셔들였습니다
말씀이 오시면 사랑이 확인되고
교환되며 보장됨을 믿습니다

주님,
사랑하는 사람을 맞아들이고 나면
사랑하는 사람이 원하는 대로
하고 싶어집니다
자신의 뜻을 상대방의 뜻으로 바꿉니다
사랑은 엄청난 능력을 가지고
존재를 변형시킵니다
자발적인 보상을 하겠다고 나선
삭개오를 보십시오
당신을 사랑하려면
옛 모습 그대로 살 수 없음을

깨달은 삭개오는
이미 구원받은 것 아닐까요?
회심의 시작임을 보신 당신께서는
삭개오의 가정을 구원으로 초대하십니다
이제는 마음 놓고 삭개오를 다루셔야 하겠다고
생각하신 거죠?
마침내 사랑은 하나가 되었습니다
아 주님,
사랑은 구원을 불러 옵니다
사랑으로 이동시키신 주님,

당신은 삭개오를
안 보이는 곳에서 보이는 곳으로
자신을 드러내도록 움직이셨습니다
숨어 있던 곳에서
나오게 하셨습니다
햇살이 비치는 곳으로
나오게 하셨습니다
옆에서 옆으로의 수평이동입니다
당신은 삭개오를
아래에서 위로 올라가게 하십니다
그러나 당신을 만나기 위해서는
위에서 아래로

내려오도록 하십니다
위에서 아래로, 아래에서 위로
수직이동을 하게 함으로써
당신은 삭개오를 구원하셨습니다

주님,
당신은 당신 밖에서 맴돌던 삭개오를
당신 안으로 들어오게 하십니다
삭개오의 집 밖에 계시던 당신이
삭개오의 집 안으로 들어가시겠다는 말씀에서
중심이동을 암시하십니다
'밖에서 안으로' 는
우리를 구원으로 초청하시는
당신의 표어이지요
이제 자리이동이 되었습니다
'잃은 자리에서 있어야 할 자리' 로
삭개오를 옮겨 놓으시며
그 자리를
자기 본연의 자리로 매김하도록 하십니다

아, 이것이 바로
사랑으로 구원하시는
당신의 초청이로군요

이제 저희도
당신과 함께 묶는 삶을
삭개오가 상징으로 살아냈듯,
당신의 사랑 안에 머물며
나눌 것은 나누고
삶의 자리를 점검하며
당신과의 보행속도를
맞추도록 해 주십시오
'사랑하므로 함께 가노라' 외치며,
당신 사랑이 불러 오는 구원을
마음껏 노래하게 해 주십시오   †아멘

성 | 경 | 찾 | 아 | 보 | 기

창
45:1-8 p. 26

삼상
16:6-13 p. 111

욥
37:14-38:2 p. 121

시
42:1-2 p. 92
42:8 p. 141
45:1 p. 128
144:3-4 p. 14

잠
16:1-5 p. 134
22:11-16 p. 36

사
61:1-3, 10-11 p. 80

마
5:4 p. 66
7:9-11 p. 46
8:14-17 p. 99
13:47-51 p. 62
19:27-30 p. 138

막
6:31-32 p. 114

눅
1:38 p. 10
10:17-20 p. 20
11:10 p. 56
11:9-13 p. 50
12:4-7 p. 70
19:1-10 p. 151

롬
10:14-15 p. 84

고전
12:22-26 p. 74
13:8-13 p. 124

고후
12:8-10 p. 39

갈
6:1-6 p. 88

엡
1:15-19 p. 107

빌
4:10-14 p. 104

살전
5:23-28 p. 30

계
3:1-6 p. 147